# くらべる・たのしい にたことば絵辞典

ニシワキタダシ 著

山口謠司 監修

## はじめに

「すっぽり」と「つっぱり」って、なんとなく音の響きが似ているなぁと思い、少しやんちゃな「つっぱり」の少年が大きな穴に「すっぽり」入っている絵が浮かんだのが、この本のはじまりです。

日本語のオノマトペにはたくさんの言葉があり、中には似ているものもあります。「おほほ」と「とほほ」の一文字違うだけのものや、「くたくた」と「ぐだぐだ」の濁音がつくかつかないもの。例えば50音の行が違う「がたがた」と「ごたごた」、母音は同じの「あらあら」と「さらさら」など。

この本では、こういった〝音の響き〟が似ている言葉を集めてみました。そして似ている言葉を隣に並べ、それぞれにイラストをつけて、そのイラスト同士がつながる2コマんがにしています。さらっと説明しましたが、なかなか難易度の高いことをやっているのでは…と自分を励ましながら執筆をしました。

本を開いた右ページには、日本語特有の表現である擬音語、擬態語のオノマトペを入れています。「のろのろ」とか「ぺこぺこ」とか。それに音の響きが似ている言葉を左ページに入れているんですが、こちらはオノマトペに限らず自由に言葉を選んでいます。中には〝似ていないのでは?〟と感じる言葉が入っているかもしれません。例えば「すたこら」と「たこらいす」。「急ぎ足で歩く」と「メキシコ風アメリカ料理のタコスの具材

をごはんにのせた沖縄県の料理」と意味はまったく違いますが、なんと2つの言葉は4文字が一緒なのです。なんだかすごく似ているのでは、という気になってきたのではないでしょうか。「しどろもどろ」と「いちどもどろう」。「話し方が乱れる」と「戻ろうというちょっとした提案」ですが、「しどろもどろ」のイントネーションで「いちどもどろう」と言うと、ほとんど同じに感じてきたのではと思います。この本を読んでいて〝似ていないのでは？〟と感じたら、同じイントネーションで読んでみてください。それでも似ていなかったら、一度本を閉じて、深呼吸の後、優しい気持ちでもう一度読み始めてもらえればうれしいです。

いろいろ書きましたが、ダジャレのようであり、日常の言葉の聞き間違いくらいのゆるい雰囲気で言葉を選んでみたので、イラストとともに気軽に読んでもらえればと思います。

あと今回、英語やローマ字表記で言葉の意味や読み方などを入れています。日本の言葉を外国の方にも楽しく読んでもらえたり、使ってもらえたらとそうしたんですが、「しったかめでしたか」（知った亀でしたか？）や「のらいぬくらい」（野良犬くらい）など、日本人でもあまり使わないであろう話し言葉も入っているので、外国の方が変な形で日本語を覚えてしまわないかだけが少し心配です。とはいえ、いろんな人にイラストと言葉を楽しく見てもらえればうれしいです。日本語ってすばらしい。

ニシワキタダシ

この本の楽しみ方

200　PEKO PEKO

ぺこぺこ

オノマトペ

できるだけいい肉がたべたい

言葉を表したイラスト
2つがつながる2コマまんが

とてもおなかがすいている様子。
用例「おなかがぺこぺこだよ」
To be very hungry.
Ex.) I'm PEKO PEKO (starving).

ローマ字読み

201　HEKO HEKO

## へこへこ

右ページのオノマトペに似た言葉

できるだけいい肉おごってください

やたらと頭を下げる様子。主に自分より偉い人に卑屈にへつらう時に使う。
To flatter someone and bow many times.

### 言葉の意味&英訳
この本ではイラストに即した意味のみ解説しています。用例にかぎらず、英語でも自由に使ってみてください。

もくじ

はじめに 2

この本の楽しみ方 4

あ行 10

か行 22

コラム① 可愛い日本語！ 32

さ行 60

コラム② きびきび、はきはき！ 96

た行 110

| 頁 | 項目 |
|---|---|
| 146 | な行 |
| 160 | コラム③ 「ずるずる」と「つるつる」 |
| 166 | は行 |
| 222 | ま行 |
| 224 | コラム④ 奈良時代の人たちの発音とオノマトペ |
| 250 | や・ら・わ行 |
| 264 | ざっくりとしたつながり |
| 269 | 五十音順にたことば索引 |
| 270 | 主な参考文献 |

A illustrations Book of inspired by Japanese Onomatopoeia

くらべる・たのしい

# にたことば 絵辞典

10   ANGURI

あんぐり

驚いたり、あきれたりして、口を大きく開ける様子。
To be surprised or amazed with one's mouth open.

# どんぐり

11　DONGURI

ブナ科の樹木の木の実の総称。「どんぐり」という名前の植物は存在しない。
Acorn. A generic term for nuts of the beech family tree.
There is no plant named DONGURI (acorn).

# いそいそ

心が弾み、うれしさで気持ちが高ぶっている様子。
Cheerfully. To be exhilarated with great joy.

# ひそひそ

他の人に聞こえないように小声で話す様子。
To whisper. To talk in a low voice.

14　UKA UKA

# うかうか

気がゆるんで注意が足りない様子。
用例 うかうかして、暖炉がないのに薪を割ってしまった。
The condition of being careless because of a lack of attention.
Ex.) I UKA UKA (carelessly) chopped firewood although I didn't have a fireplace.

# そうかそうか

SŌKA SŌKA

相づちの一種。
A kind of making a quick response.

16    UTTORI

うっとり

心を奪われて放心する様子。
To get lost and gaze in wonder.

17   UKKARI

# うっかり

匂いにつられて
ズボンはかずに来ちゃった

注意不足で見落とす様子。
用例 うっかりズボンをはき忘れてしまった。
To overlook something due to a lack of attention.
Ex.) He UKKARI (inadvertently) forgot to wear pants.

18　UTSURA UTSURA

うつらうつら

**眠気で意識がはっきりしない様子。**
To fall drowsily into unconsciousness.

19 UTSUBOKAZURA

うつぼかずら

ウツボカズラ科の常緑つる性食虫植物。虫を捕らえる。
Nepenthes. A pitcher plant. A carnivorous plant.

20    OTTORI

# おっとり

人柄や仕草が、のんびりとして落ち着いている様子。
To be gentle and calm.

# ねっとり

21　NETTORI

ん？納豆ついてない？

しつこく、ねばりつくような粘着質で表面が覆われている様子。性質、性格にも使う。
Sticky. Glutinous. Covered with a substance that sticks to things.
Used for nature and character.

22　　GATA GATA

# がたがた

恐怖や寒さで、身体が激しく震える様子。
用例 鬼が怖くてがたがたと震えた。
Rattling. To shiver in the cold or shake with fear.
Ex.) He was so scared of ONI (demon) that he GATA GATA (shivered).

# ごたごた

もめごとが起こっている様子。
An occurrence of troubles.

# がっかり

24　GAKKARI

思ってたお供と なんかちがうなぁ…

落胆して、気力をなくしてしまった様子。
To be discouraged and lose vitality or energy.

# ばっかり

25 BAKKARI

限定を示す「ばかり」の音が変化した語。
Only. Sole. A sound variation of the word "BAKARI".

# からから

ものが乾ききっている様子。
用例 「のどがからからだ」
Completely dried-up.
Ex.) I'm very KARA KARA (thirsty).

# けらけら

27 KERA KERA

笑い声。甲高い声で愉快そう。
Laughing voice. Shrieks of laughter.

28　GARA GARA

がらがら

内部になにもない様子。
用例 店内はがらがらで店員すらいなかった。
Empty, vacant, no crowd.
Ex.) The shop was GARA GARA (empty), and it didn't even have clerks.

# げらげら

29  GERA GERA

笑い声。遠慮なしに大声で笑う。
Laughing voice. Laughing out loud (LOL).

# がんがん

30　GAN GAN

やかましく、続けざまに打ち付ける音。また、痛みや音が頭や耳に強く響く様子。
用例　ショックのあまり、壁に頭をがんがんと打ち付けた。
Sound of battering many times. A pain rings noisily.
Ex.)  He GAN GAN (pounded) his head against the wall due to the shock.

# ぎゃんぎゃん

大きな声で騒ぎ立てたり、泣きわめいたりする様子。
To cry and scream.

# コラム①　可愛い日本語！　山口謠司

昨今、海外の人が日本にたくさんいらっしゃいます。

彼らが来てみて、まず、驚くのは…なんてきれいなところ！　ゴミひとつ落ちていない‼　ということ。

それから、日本語って、なんて可愛い言葉なの！　ということです。

詳しく聞いてみると、「プルプル」「ニョキニョキ」などという擬音語・擬態語は、他の言葉には決してない「かわいさ」があるというのです。

外国語に比べると、日本語は、オノマトペと呼ばれる擬音語・擬態語が非常に多いといわれます。

フランス語や英語にもオノマトペはあります。でも、その多くは幼児語で、大人はほとんど使いません。

たとえば、「おいしい～」というのをフランス語では「miam miam（ミャムミャム）」、英語では「yum yum（ヤムヤム）」といいますが、これは子どもが食べる時に出す音の擬音語です。

また、雨がパラパラと音を立てて降ることを、フランス語では「flic flac（フリックフラック）」といい、中国語では「稀稀落落 xixiluoluo（シーシールオルオ）」といいます。

フランス語の「flic flac（フリック フラック）」は、雨粒が地面に落ちて出る音ですが、これも童謡で使われるから、幼児語です。

また、中国語の「稀稀落落 xixiluoluo（シーシールオルオ）」は、本来「疎ら（まばら）」なことを意味する「稀」と「雨が落ちる」ことを意味する「落」が合わさって作られた言葉です。擬音語と言えないこともありませんが、どちらかといえば、意味を表す漢字から作られた言葉なのです。基本的に、中国やヨーロッパ、アメリカでは、オノマトペは、子どもの言葉という印象がとても強いといえるでしょう。

ところが、日本に来てみると、オノマトペがいっぱい！

「ドキッとした！」とか「サラサラの髪ね」というようなオノマトペを大人が使うことは、とても新鮮で可愛く思えるそうなのです。

私の妻はフランス人なのですが、初めて日本にやってきた時、電車の中で、高校生の男の子が「もう、おなか、ペコペコだよ」と言うのを聞いて、なんともいえない表現に「胸をときめかせた」と話してくれたことがあります。

でも「胸をときめかせる」というのも、フランス語なら詩的な感じがしますが、日本語なら「胸、キュン」ですよね！　こちらのほうが日本語を母国語としている間柄での会話では、臨場感というか、「ナマ〜！」という感じがして直接的に伝わるのではないかと思います。

だとすれば、もっと、たくさん、オノマトペを創って世界に向かって発信してみてはどうでしょう！

34　GYĀ GYĀ

# ぎゃーぎゃー

となりの鳥がうるさい〜！

動物の鳴き声。
Squawking cries or noises of animals.

# きゃーきゃー

喜びのあまり甲高く叫ぶ声。恐怖や驚く際の叫び声にも使う。
Screaming with extreme emotion or feelings including joy, surprise, fear or pain.

# きゃぴきゃぴ

若い女性の若々しく元気な様子。
Girlish. Cheerful and active behaviors of young women.

# かぴかぴ

KAPI KAPI

もともとみずみずしかったものが、水分を失って固まった様子。
用例 チーズが乾いてかぴかぴになった。

Crusty. Dried out and hardened by losing moisture.
Ex.) The cheese is KAPI KAPI (dry and crusty).

38　GIRI GIRI

# ぎりぎり

トイレ やっと見つけた…

4時間かかった…

**限界直前でそれ以上余地がない様子。**
Barely, almost, at the last minute, close to the edge or limit.

# きりきり

KIRI KIRI

からくりのような取手を回して開けるスタイル…!?

**何かがきしんだり、こすれ合う甲高い音。**
A high-pitched sound. A noise or condition under stress or tension.

40    GŪSUKA

ぐーすか

熟睡している時の大きないびきと呼吸の音。
Zzz. Snoring. Noise through the nose or the throat during a deep sleep.

# ぷんすか

41 PUNSUKA

くま沢くん、おそい！

2時に市役所前なのに！

何かに対して腹を立てて機嫌の悪い様子。

Bad mood due to getting angry at something or somebody.

# くすくす

このリンゴ どことなく いとこの お兄さんに 似てる

声をしのばせ、こっそりと笑う様子。
用例 彼女はリンゴがいとこに似ているように思えてくすくすと笑った。

To giggle, laugh.
Ex.) She KUSU KUSU (giggled) because the apple looked like her cousin.

43　KASU KASU

# かすかす

食べ物にうるおいがなく、おいしくない状態。
Empty. Dried out and juiceless (foods).

# ぐだぐだ

え〜次はウサ山…ちがう
ウサ野さん…
え、いや、カメ松さんです

ためらいがちで、進みが遅い様子。
Lazy, unprepared, slow.

45 KUTA KUTA

疲れ果てた様子。
Exhausted. To be worn out.

# くらくら

先生がかっこよくて
クラクラするんで
休んでいいですか？

軽いめまいがする様子。
用例 「先生がかっこよくてくらくらする」
Dizzy. To feel light-headed.
Ex.) Her teacher is so sexy that she feels KURA KURA (dizzy).

# こらこら

47  KORA KORA

人に注意を促す言葉。呼び止めたりする場合にも使う。
A call in order to alert someone of a problem.

## 48 KUN KUN

# くんくん

においを嗅いで鼻を鳴らす様子。
用例 靴下のにおいをくんくんと嗅ぐ。

To produce sound by the nose to smell something.
Ex.) He KUN KUN (sniffs) at the socks.

# ぐんぐん

GUN GUN

元気になってきた…

ものごとが勢いよく進む様子。
Things go on smoothly and rapidly.

50　GOKURI

# ごくり

ん？
おばあちゃんち
みたいな味がする

ノドを勢いよく鳴らして飲み込む様子。
To swallow liquid in a gulp.

# ぎくり

不意なことに一瞬強く驚く様子。
To be startled at an unexpected thing.

52　KOCHO KOCHO

# こちょこちょ

繰り返しくすぐる際の様子。
用例 私は校長先生にこちょこちょされた。

To tickle over and over.
Ex.) The principal KOCHO KOCHO (tickled) me.

# こっちこっち

53　KOTCHI KOTCHI

校長！こっちこっち　教頭先生にも！

近称の指示代名詞「こっち」を続けて、人を呼び寄せる場合に使う。
A call, when people want someone to come over. "Hey over here!".

54    KOSSORI

こっそり

人に知られないように、ひそかにものごとを遂行する様子。
The act of doing something secretly.

# ごっそり

55　GOSSORI

たくさんの物がひとつ残らず別の場所に移ること。
Plenty of things were completely moved.

# こってり

ソースですかっ

左官工事くらい塗ります

味や色などが、しつこいくらいに濃厚な様子。
[反] あっさり。

A type of thick and rich taste.
opposite word→A type of plain or simple taste.

# ぽってり

57 POTTERI

ふくよかに肥えて、かわいらしい様子。
反 ほっそり。
Plump and cute.
opposite word→Slender.

# こてんぱん

とことん打ちのめす(打ちのめされる)様子。
To knock down. To beat someone to a pulp.

59　KOPPEPAN

こっぺぱん

コッペパンだ！

メロンパンじゃない

紡錘形で底の平たいパン。日本独自に発展したもの。

A kind of hot dog bun shaped spindle.
It was developed in Japan and now it is popular.

# さくさく

SAKU SAKU

親戚からもらった はくさいを…

野菜などをきざんだり、噛んだりする際の軽快な音の様子。

Crunchy. Sound of chopping vegetables.
Crispy. Sound of biting dried food. Smoothly, easily and quickly.

# くさくさ

KUSA KUSA

そういえば 親戚中から集めた どんぐり盗られたなぁ～

腹をたてたり、憂鬱だったりして、気分が晴れない様子。
Depression by anger or melancholy.

# ざくざく

おやっ・今までに見たことのないキノコじゃ

粗い粒状のものが集まってふれあう騒がしい音。
Sound of crunching gravel or snow. Lots of coins, jewels and so on.

# ぞくぞく

63 ZOKU ZOKU

キノコを食べてから3日ほど震えがとまらん…

病気や寒さで悪寒が走り、身体が震える様子。不安や恐怖で震える場合にも使う。
用例 キノコを食べたせいで、身体がぞくぞくする。

To feel a chill due to illness or coldness.
The state of trembling.
Ex.) I ZOKU ZOKU (have a chill) because I ate mysterious mushrooms.

# ざっくばらん

ZAKKUBARAN

私は指をなめる人はあんまり好きじゃないんだよ

遠慮なく、本心を述べる様子。
用例 彼の物言いはざっくばらんだ。

To speak one's mind frankly.
Ex.) He is ZAKKUBARAN (speaks his mind freely).

# そっとごらん

SOTTOGORAN

「しずかに見てください」の意。
Look softly.

# さらさら

ものごとがすみやかに進む様子。
用例 彼はさらさらと筆を走らせる。
Things go smoothly.
Ex.) He writes SARA SARA (easily).

# あらあら

67 ARA ARA

どうしたらいいのだろうか、というような時にいう言葉。
A spoken word when someone comes to think of what to do.

# ざわざわ

あの職人さんにまかせて大丈夫だったかしら

不安や、いやな予感などで心が落ち着かない様子。
大勢の人が集まって、声や音が騒がしい様子にも使う。

Unquiet mind due to anxious or bad feeling. Noisiness caused by crowds of people.

# ざらざら

触った感じや見た目全体が粗く、なめらかでない様子。
用例 椅子の表面がざらざらしている。

Rough. Tough. Grainy appearance.
Ex.) The surface of the chair is ZARA ZARA (grainy).

# しくしく

70　SHIKU SHIKU

声をひそめて、あわれげに泣く様子。
To weep in secret.

# しくはっく

71　SHIKUHAKKU

四苦八苦と書く四字熟語。非常に苦労・苦悩すること。
Struggling hard. An extremely difficult situation. Four great pains and eight hardships.

# じたばた

## 72　JITABATA

手足、身体をむやみに動かす様子。また、あわててもがく様子。
Struggle. To make a motion with one's hands and legs too much.

# じいちゃんばあちゃん

JĪCHAN BĀCHAN

幼児などが祖父母を親しみを込めて呼ぶ語。
Grandparents. A word, calling grandpa and grandma in a friendly manner.

# しっちゃかめっちゃか

SHITCHAKAMETCHAKA

ものごとが元に戻せないほどに混乱した様子。
A condition of becoming catastrophic. Confused and uncontrollable.

# しったかめでしたか

SHITTAKAMEDESHITAKA

うちのカメでは なかったです

「知った亀でしたか？」
(A police officer asked him) Was that turtle your acquaintance?

# しどろもどろ

言動が終始一貫せず、ひどく乱れている様子。
用例 彼はしどろもどろで何を言っているのかわからなかった。

To get confused and stumble.
Ex.) He SHIDOROMODORO (stuttered), so that we couldn't make sense of what he said.

77 ICHIDOMODORŌ

いちどもどろう

「一度戻ろう」
Let's get back to where we once were.

# じんじん

脈打つような痛みを感じる様子。
A throbbing pain.

# にんじん

セリ科の越年草の野菜。食べるオレンジの部分は根。

Carrot. A winter annual plant. The orange colored edible part is the root.

# すかすか

え、100人も入る客席にお客さんが3人だけ…!?

あちこちにすきまのある様子。
用例 客席が深刻なほどすかすかだ。
Empty.
Ex.) The theater is seriously SUKA SUKA (almost empty).

# せかせか

あわただしく動作の落ち着かない様子。またせせこましく動き回る様子。
To be restless because of being crazy busy.

# すくすく

元気に育つ様子。
To grow up quickly.

# すぐすぐ

「ただちに」の意の「すぐ」を重ねて使う。
Immediately.

## すたこら

大急ぎで逃げる様子。
To cut and run.

85　TAKORAISU

たこらいす

ごはんの上にタコスの具材をのせた沖縄料理。
Okinawan cuisine. Ingredients of a taco are placed on GOHAN (rice).

# すたすた

86  SUTA SUTA

軽やかに早足で歩いていく様子。
To walk quickly and lightly.

# ずたずた

ZUTA ZUTA

衣類などがひどく引きちぎられている様子。また、心がひどく傷つけられた様子。
用例 彼は身も心もずたずただ。

The condition that clothes are torn into shreds. Also, a seriously damaged heart.
Ex.) He is ZUTA ZUTA (worn out body and soul).

# すったもんだ

さんざんもめること。
To make a great fuss.

# しったももんが

うちのモモンがです

知ったモモンガ。

(Answer a police officer's question) This flying squirrel is my aquaintance.

90　　SUPPORI

すっぽり

ちょうどよくはまったりする様子。
To fit perfectly.

# つっぱり

TSUPPARI

不良少年・少女のこと。最近ではあまり見かけない。
Juvenile delinquents. Not seen much these days.

92    ZUDON

ずどん

重いものが落ちたり、倒れたりした音。
Thud. Sound when something heavy falls or drops down.

# ずぼん

93 ZUBON

このズボン…
おしりがまったく
いたくないぞ…

下半身にはく、筒型の洋服。パンツ。
Pants. Trousers.

# すべすべ

この場所で
この宝をさわるのが
たまらない

手触りや見た目がなめらかでざらつきのない様子。
Smooth touch. Clear.

95 TSUBEKOBE

# つべこべ

ぼくが失くしたんじゃなくてすべすべすぎてどっかいっちゃったっていうかなんというか

あれこれと理屈をうるさいくらいに言う様子。
用例 「つべこべ言わずに失くした物を探しに行きなさい」

To make excuses.
Ex.) Stop TSUBEKOBE (making excuses) and just search for what you've lost.

# コラム② きびきび、はきはき！　山口謠司

「だれか、学級委員長になりたい人？」

新学期が始まると、小中学校のほとんどのクラスで「学級委員長」が決められます。

自分から手を挙げる人もあるかもしれませんが、多くの子どもは、みんなちょっと下を向いて、目立たなくして、先生と目を合わせないように、心や身体をちょっと小さくしてしまうのではないでしょうか。

さて、学級委員長になる人としてふさわしいのは、どんな人でしょう。

オノマトペでいえば、それは、「きびきび」「はきはき」した人ではないかと思います。

どちらも、歯切れの良さ、爽快さ、明快さなどを表す語感がありますね。

「ぐずぐず」「もたもた」「だらだら」というのとは、正反対の擬態語です。こちらのほうは、粘着感、抵抗感、遅さなどが感じられます。

学級委員長になって、「ぐずぐず」「もたもた」「だらだら」していたら、自分でもイヤになり、みんなにも迷惑を掛けることになってしまうかもしれません…。

それでは、「きびきび」とは何を表すものでしょうか。

「足取りは確かで、きびきびしていたが、急いでいるわけではないようだ」（赤川次郎『孤独な週末』）や「旭川に去って三か月、節子はいっそうきびきびした身のこなしになっ

ていた」（三浦綾子『続泥流地帯　草のうた』）など、動作や態度に無駄がないこと、また次々にてきぱきと問題を解決していくことを表しています。

これは「きび（厳）しい」という言葉と無関係ではありません。

「厳格で少しのゆるみもないこと」を「きびしい」といいますが、「きびきび」も、まったくゆるんだり、たるんだりすることない態度や様子を表しています。

それでは、「はきはき」はどうでしょうか？

例文を挙げてみましょう。

「事件に関係のないこの程度の質問には、はきはきと答えてほしいものだと思う」（東野圭吾『赤い指』、「本の話題になったとたん、栞子さんが突然顔を上げてはきはきと話し始める」（三上延『ビブリア古書堂の事件手帖４』）など、こちらは、とくに「口の利き方」がしっかりしていること、素早く積極的であることを言います。「はきはき」の語源は「発起」ともいわれますが、「はっきり」「くっきり」して明瞭であることです。

「きびきび」は態度、「はきはき」は物言いについて用いることが多い言葉なのです。

学級委員長は、やっぱり仕事を「きびきび」こなし、先生や友だちとの会話も「はきはき」するのがいいですね。

人の前に立ってリーダーシップを発揮するのは苦手と思う人も多いかもしれませんが、できるだけ早くからこういうことをしていると「きびきび」「はきはき」も身について、いろんなことがとっても楽しくなりますよ！

# すやすや

98　SUYA SUYA

イルカ川さん
出番すぎてます、

静かに気持ちよく眠っている様子。
To sleep calmly and peacefully.

# つやつや

TSUYA TSUYA

肌をツヤツヤにする方法は
他人にやさしくする
ところから はじまります

光沢があって美しい様子。
用例 彼女はお肌がつやつやだ。

Shining and beautiful.
Ex.) Her skin looks TSUYA TSUYA (dewy).

100  SURARI

# すらり

そんなに足長かったっけ？

姿が、のびやかに形がよい様子。
用例 彼は急に足が長くなって、すらりとしている。

Tall, slender and graceful figure.
Ex.) He looked SURARI (slender) when his legs suddenly got longer.

# ずらり

人やものが威圧的なほど並び連なる様子。
People or things line up intimidatingly.

102　SESSE

# せっせ

掘った穴に石を詰め込んで何か意味があるんですか？

わきめもふらずに一生懸命ものごとに取り組む様子。
To keep on doing something without looking aside.

# せんせい

103　SENSEI

自分が教えを受けている人。学問や技術・芸能などを教える人、学校の教師。師匠。
A teacher or master. A person who instructs someone's study, learning, art and so on.

# そっくり

非常によく似ている様子。
用例 彼女たちは双子のようにそっくりだ。

To resemble. To look alike.
Ex.) They look SOKKURI (so alike) that they are just like twins.

# しっくり

105 SHIKKURI

ものごとがほどよく組み合って、よく安定している様子。腑に落ちること。
Stable. Making sense.

# そろそろ

106 SORO SORO

おもてなし
お漬けものだけで
よかったかな

ある時期・状態になりつつある様子。
用例 「そろそろみんなが集まる時間だ」
Almost. Something will happen soon.
Ex.) SORO SORO (It's about time for) everyone to gather.

# ぞろぞろ

107　ZORO ZORO

多くの人や動物などが一続きになって動いている様子。
A situation where many people or animals are moving in a stream.

# そわそわ

あの担任の先生で大丈夫かしら…

動作や気持ちが落ち着かない様子。
用例 先生が頼りなさそうでそわそわした。
To make small movements of the body through nervousness.
Ex.) Our teacher was too unreliable, therefore I SOWA SOWA (got antsy).

# そりゃそりゃ

109 SORYA SORYA

掛け声や囃し詞としても用いられる「そりゃ」を重ねて使う例。
A kind of refrain used to add rhythmical effect to a song.

# たじたじ

あわててうろたえる様子。
用例 目の前に急に宇宙人が現れてたじたじした。

To be overwhelmed.
Ex.) I TAJI TAJI (winced) at the emergence of an alien.

# がじがじ

歯で何かを強く噛む音。
Sound of biting something very strongly.

# たっぷり

十分な余裕があり、かなりの量がある様子。
用例 彼はたっぷりと話を聞かせてくれた。

Plenty. More than enough.
Ex.) He talked to us TAPPURI (for a long time).

とっぷり

日が暮れて、夜になる様子。
Night is falling.

# ちかちか

114　CHIKA CHIKA

光の点滅で目を刺激される様子。
Blinding. To be dazzled by bright light.

# かちかち

KACHI KACHI

かたいものが規則的に軽くぶつかってたてるかわいた音。
用例 照明のスイッチをかちかちと押した。

Sound of something hard hitting regularly.
Ex.) He clicked the light switch KACHI KACHI (on and off).

# ちゃぷちゃぷ

CHAPU CHAPU

鬼ヶ島に着いたら写真とろう〜

水がはねる際の、小さく明るい音。
Splish-splash. Sloshing noise.

# けちゃっぷけちゃっぷ

ケチャップ。語源は魚醤(ぎょしょう)にあるといわれ、野菜やキノコなどを煮詰めてつくるソースのこと。
日本語ではトマトケチャップのことを指す。

Ketchup. Tomato sauce. The word "Ketchup" is derived from fish sauce.
The sauce made by boiling mushrooms and vegetables.

# ちゅーちゅー

CHŪ CHŪ

は！これネズミのドアだった

ネズミが鳴く音。
Squeak. Sound of a cry of a mouse.

# しゅうちゅう

119　SHŪCHŪ

集中。一カ所に集めること。
[用例] 意識をコッペパンに集中させる。

To concentrate. To gather a large amount of something in one place.
Ex.) He SHŪCHŪ (focused his attention) on KOPPEPAN.

# ちらほら

ほら隠れとるが マツタケが 少しずつあるぞ

見え隠れするようにまばらに見える様子。
用例 足下にマツタケがちらほら見える。

Sparsely. To appear and disappear.
Ex.) Matsutake mushrooms are seen CHIRAHORA (here and there).

# ちやほや

121 CHIYAHOYA

おだてたり、甘やかしたりする様子。
To pay one's attention to someone.

# つっけんどん

相手に対する愛想や思いやりがなく、冷淡な様子。
Harsh. Snappish. Cold attitude.

# づけどん

123　ZUKEDON

赤身を醤油に漬けたすし種を、どんぶりにしたもの。
Soy sauce marinated tuna on GOHAN (rice) in the DON (bowl).

# つんつん

TSUN TSUN

とがったものがいくつも突き出ている様子。
The situation in which many sharp things poke up.

# ちゅんちゅん

125　CHUN CHUN

中村くんの髪形に鳥たちが騒ぎはじめてる…

すずめが鳴く音。
Twitter of sparrow.

# てきぱき

TEKIPAKI

**動作が非常に俊敏でムダがない様子。**
To do something quickly with unwasted motion.

# てばさき

127　TEBASAKI

みんな！手羽先の加工は佐々木さんに！

手羽元の加工は山本さんに！

鶏肉の手羽の先のほうの部分。
Chicken wing to eat.

# てくてく

128 TEKU TEKU

今までにオバケも UFOも
何も見たことないんだよねぇ…

一定の調子で歩いている様子。
To trudge.

129　TENGU TENGU

# てんぐてんぐ

天狗。想像上の妖怪。赤ら顔で、鼻が高く、自由に空を飛び回る。
鼻が高いことから、うぬぼれた高慢な人を揶揄しても使う。

A kind of supernatural being. A Long-nosed legendary creature.
It is able to fly freely. Self-conceited.

130　TERA TERA

てらてら

なめらかな表面が光っている様子。
Shiny. Bright. Sleek surface.

# へらへら

HERA HERA

あいまいに自嘲(じちょう)して笑う様子。
To smile idly. A self-deprecating smile.

132　DERE DERE

# でれでれ

出会った瞬間に好きになって

それでつれてきたんじゃな

異性に惹かれて、だらしない態度になる様子。
Smitten romantically. To be bad with the opposite gender.

# どれどれ

133　DORE DORE

あのイカみたいな子かい？

動作を始める際に発する言葉。
Chant used at the time of taking action.

# どきどき

134　DOKI DOKI

ゲソ森さんの好きな映画は？

パニック映画かな

気持ちが高ぶり、動悸(どうき)が激しくなる様子。喜び、期待や不安、恐れなどいずれにも使う。
One's heart beating due to joy or fear.

# ときどき

135　TOKIDOKI

へぇ〜爆発のシーンでスミはいちゃうことあるんだ〜

ときどきね

まれ。たまに。
用例 イカはときどき墨を吐く。

Sometimes. Often.
Ex.) Squid spurts ink TOKIDOKI (once in a while).

136　DOSHI DOSHI

# どしどし

これでもかというくらい

どしどし
ご応募ください

次から次へと間もおかずものごとが引き続いて起こったり、行われたりする様子。
用例 「どしどしご応募ください」

Things occur back to back.
Ex.) Please apply DOSHI DOSHI (without hesitation).

# もしもし

MOSHI MOSHI

え、すこやかコースに応募したらがむしゃらコースにも応募することになるんですか？

主に電話で相手に呼び掛けるのに用いる第一声。「申し」を連ねて短縮したとされる。

An interjection. An opening word on the phone or to call someone unknown.

# とほほ

救いようがなくすぐに立ち直れない様子。
A sigh expressing misery or a feeling of pity.

# おほほ

（主に女性が）口をすぼめて軽く笑う様子。
To pucker one's mouth and smile.

# どろん

姿を隠す様子。また、濃い液体などが重く淀んでいる様子。
To disappear. To get away.
The state of stagnant air or liquid.

# どろんこ

141　DORONKO

と、思ったら片側が泥だらけになっただけだ！

泥だらけの状態。
To be covered with mud.

142　TONCHINKAN

# とんちんかん

晩ごはんをお昼に食べたら
昼ごはんは明日に飛んでいきますか？

ものごとが行き違ったり、ちぐはぐな様子。またそのような人。
Beside the point. Off the track. Person who is missing the point as usual.

143　TONTENKAN

# とんてんかん

金槌などで叩く際の甲高い音。
Sound of striking with a hammer.

144　DON DON

# どんどん

どんどん踊って
踊りの神様に
見て
もらえ〜！

連続する大きく響く音。
また、ものごとが勢いよく進む様子。
Resonant noise of beating strongly.
Things go efficiently.

# とんとん

145　TON TON

続けざまに軽く叩く音。
用例 肩をとんとんと叩かれた。

Sound of beating continuously.
Ex.) Someone TON TON (patted) me on my shoulder.

146　NAMI NAMI

# なみなみ

アワワワ…

液体が容れ物からあふれるほどにいっぱいである様子。
To fill a container to the brim with liquid.

# おなやみ

ONAYAMI

ラジオネーム長い耳さんからいただいたのは「水をいっぱいに入れるとこぼれちゃう」というお悩み

「お悩み」解決できないことに思いわずらい、心を痛めること。
Problem. Trouble. To be distressed and bothered by something insoluble.

# なよなよ

弱々しく曲がりくねっている様子。そうした人の様子。
Wishy-washy. Feeble.

149　YONA YONA

# よなよな

毎晩。夜が来る毎に。
Every night. Night after night.

150　NIKKORI

# にっこり

見たこともない料理ができたぞ

明るく笑う様子。
用例 彼は見たこともない料理ができてにっこりした。

Smile. Bright smile.
Ex.) He NIKKORI (smiled happily) when he cooked a dish he had never seen.

# にこごり

NIKOGORI

魚などを柔らかく煮て、煮汁ごとゼラチン・寒天などでゼリー状に固めた料理。
A food made by boiling fish with gelatin or agar. Jellied fish.

# にやにや

152　NIYA NIYA

こんなかわいい動物 誰も知らねえんじゃないかな♪

声を立てないで、意味ありげに笑う様子。
用例　彼はあまりにもかわいらしい動物を見てにやにやした。
To grin. An expressive smile.
Ex.)  He NIYA NIYA (grinned) when found an awfully cute animal.

# にゃーにゃー

153  NYĀ NYĀ

ネコの鳴き声。
Meow meow. The cry of cats.

# にょきにょき

NYOKI NYOKI

なんじゃこの植物は…!?

植物が次々にいくつも生えてくる様子。物や人にも使う。
To grow or shoot upward one after another.

# ちょきちょき

CHOKI CHOKI

はさみなどで物を軽快に切る音。その様子。
Snip. Sound of cutting something with scissors.

# ぬけぬけ

しらじらしく、でまかせを言うようなあつかましい様子。
Shameless. Impudent. To speak at random.

157　NUKU NUKU

ぬくぬく

ぜんぜんゴールに着かないけどいい温泉みっけた

気持ちよくぬくもりのあるものの中に身を置く様子。
また、苦労なく、自分だけが甘えている様子。

Snugly. To stay warm and comfortable.
A life without worry.

158　NOSSORI

# のっそり

動作が遅い様子。
Clumsy. To act slowly.

# ほっそり

良い意味で細くて形がよい様子。
Slender.

## コラム③　「ずるずる」と「つるつる」　山口謠司

フランス料理を食べる時、絶対にしてはならないことがあります。音を立てることです！

スープはもちろん、スパゲティも決してすすって食べてはいけません。

海外でのテーブルマナーのひとつです。

ところで、日本では、蕎麦もうどんも、すすって音を立てて食べます。

しかし、蕎麦とうどんとでは、その吸って食べる音が違いますね！　これは、日本古来の文化のひとつ「音を楽しむ」ことと無関係ではありません。

ざるそばを食べるとしましょう。

蕎麦を箸で、五、六本取って、薬味を入れた蕎麦猪口（ちょこ）に半分ほど浸（ひた）して、それからおもむろに「ずるずる！」。

蕎麦は、「食べる」と言わずに「たぐる」と言うのですが、「ずるずる〜」の音がないと、たぐった気がしません。

それでは、うどんはどうでしょう。

うどんも、蕎麦と同じように、ざるで食べる時には、薬味入りのつゆに浸して食べますが、この時は、「ずるずる」ではなく「つるつる」！

さて、「ずるずる」と「つるつる」では、何が違うのでしょう。

「ずるずる」は、あまり滑らかではない質感の麺をすすり上げる時に使います。これに対して「つるつる」は、滑るような質感の麺をすすり上げる時に使います。

そもそも、「ずるずる」は、重い物、長い物を引きずる時に使われる擬態語で、抵抗や摩擦する音を表現する言葉です。

ですから、蕎麦のように表面がざらざらしているものをすすり上げる時には「ずるずる」という音を立てるというのです。

焼きそばも野菜や肉などの「抵抗」があって麺をすすりますね。だから「ずるずる」。具の入った汁も、具という障害物があってすするので「ずるずる」です。

これに対して、「つるつる」は、凹凸のない表面が滑らかなものをすする擬態語です。

「そのお面は、瀬戸物のようにつるつるとして鼻もなければ口もない」（横溝正史『黄金の指紋』）と書かれるように、磁器のようなものを触った感覚に使われます。

だから、食べ物にしても同じく、抵抗感がない、うどん、素麺、ゼリーなどの、ひっかかることない、のどごしのいい食べ物の時に使うのです。

フランス人に、「蕎麦はずるずる」「うどんはつるつる」食べると言って、その食べる音を実演してみたことがありました。

…当然と言われればそれまでですが、どうも彼は、どれだけやっても音の違いをわかってはくれませんでした。

# のらりくらり

君が曲げたんだね？

初めて通ったし
手紙も
書いた
ことないし…

とらえどころがなく、相手の追及を気にせずにかわす様子。

Flaky. Non-committal. Elusive. To carelessly dodge a pursuit.

# のらいぬくらい

163 NORAINUKURAI

野良犬くらいの何かがぶつかったんじゃないかのの？

野良犬くらい。
Like a stray dog.

164　NORO NORO

# のろのろ

右折の気分だな♪

動きがにぶい様子。
Slowly. To be slow in action.

# おろおろ

165 ORO ORO

不安にかられて、落ち着きを失っている様子。
To be upset or lose one's head due to an anxiety or shock.

# はきはき

はい！
親戚から幅広の麺をもらったので先生にも おすそわけです！

言動や性格がはっきりとしている様子。
Brisk. Clear behavior. Articulate character.

# はちまき

167　HACHIMAKI

額や後頭部のあたりに巻く布。

Headband. A cloth that is tied around head to show courage, encouragement, bravery or strength.

168　BATANKYŪ

ばたんきゅう

横になるとすぐ眠れるほど、疲労が激しい様子。
To fall asleep as soon as one's head hits the pillow because of fatigue.

# じかんきゅう

169　JIKANKYŪ

でも9時間働いたからニンジン9本もらえるぞ…

時間給。仕事をした時間数で賃金が支払われること。
Hourly fees. Wages an hour.

170 PACHIRI

# ぱちり

カメラのシャッターを押す音。
Sound of a camera shutter.

# ばっちり

ちょうどよく、十分である様子。
Perfect. To be more than enough.

# ぱらぱら

軽い物がまばらに落ちていく様子。
用例 彼女は謎の調味料をぱらぱらとふりかけている。
To fall apart.
Ex.) She PARA PARA (sprinkles) the mysterious seasoning.

# はらはら

心配して落ち着かない様子。
To feel nervous.

# ぱりぱり

PARI PARI

かめるギリギリの硬さだ

硬くて薄いものをかみ砕く音。
Sound of eating something hard and thin.

# ぴりぴり

175　PIRI PIRI

がまんできる ギリギリの 辛さだ

辛(から)さによって、刺激や痛みを感じている様子。
The mouth is burning because of eating hot food.

# ぴこぴこ

176　PIKO PIKO

へぇ〜 このゲーム 大根を 引きぬくだけ なんだ〜

電子音。ボタンやスイッチを押す様子。
Blip blop. Electronic sound.

# ひでひこ

HIDEHIKO

ひでひこ 次、かあさんにやらせて

男の子に多い名前。
Common male name in Japan.

# びっくり

わ！スミマセン！田村先生の大事なコッペパンを

驚いてあわてる様子。
To panic in surprise.

179 JIKKURI

# じっくり

ちがう…よく見たら
キツネが化けてる…

落ち着いて、念入りにものごとに取り組む様子。
用例 じっくり見てみると、先生ではなくキツネだった。

Thoroughly. Carefully. To do something in a thought-out manner with a calm mind.
Ex.) I looked at the person JIKKURI (carefully), and then I found out that it wasn't my teacher, but a fox.

# ぴったり

180 PITTARI

さすがオーダーメイド…

着てないくらいに感じる…

わずかな狂いもなく、よく似合っていて、ふさわしい様子。
用例 オーダーメイドの服は彼にぴったりだ。

Exactly. Appropriate. To look great on someone.
Ex.) The tailor-made suit fits him PITTARI (very well).

# ひっぱったり

181　HIPPATTARI

引いて、ぴんと張った状態にする「ひっぱる」に並列助詞「たり」が付いたもの。

To pull to become stretched taut. This word consists of HIPPARU (verb) and TARI (parallel marker). TARI means now and then.

182　BYŪ BYŪ

びゅうびゅう

勢いよく風が吹いている音。
Sound of a gust of wind.

# ひゅうひゅう

183　HYŪ HYŪ

ヒューヒュー
うちわを使わず
その風の威力〜

はやしたてるかけ声。冷やかすように使う。
To cheer someone on. Call for making too much fun.

# ぴょんぴょん

PYON PYON

山の神に向かって
はねろ はねろ〜！

繰り返し飛び上がったり、飛び越えたりする様子。
To jump up and down.

# ちょんちょん

185 CHON CHON

続けざまに軽く叩く音。
用例 肩にちょんちょんと触れられた。

Sound of continuously tapping lightly.
Ex.) I was touched CHON CHON (repeatedly).

186　FŪ FŪ

息をふく様子。
To breathe out through the mouth.

187 FŪFU

結婚している男女。
Married couple.

# ぶかぶか

今年はこのくらい大きなものが流行ってるんですよ

着ているもののサイズが大きすぎる様子。

用例 ずぼんがぶかぶかだ。

Too large.

Ex.) These pants are BUKA BUKA (too loose).

189　FUKABUKA

# ふかぶか

またお越し下さいませ

深々と。非常に深くの意。
Very deep.

# ぷかぷか

PUKA PUKA

鬼ヶ島って
鬼の顔の形
みたいだって
聞いたん
だけどな〜

水に浮いて軽やかに揺れる様子。
To float and flow on the water.

# ぴかぴか

191　PIKA PIKA

鬼が合図してくれてません？
鬼の方から!?

強い光が点滅する様子。またつやがあって光っている様子。
Lustrous. Bright. Strong light flashes. Condition of being glossy.

192　PUSURI

ぷすり

この障子に穴をあけて

えい

え？

やわらかいものに細いものを突き刺す音。
Sound of pricking something soft with a thin object such as a needle.

「薬」病気やケガを治すのに役立つ薬品。
Medicine. Drug. It cures someone of illness and heals wounds or injuries.

194　PUCHI PUCHI

ぷちぷち

ほら、これを巻くとヒザをついてもいたくないんじゃ

弾力あるものが弾（はじ）ける音。包装等に使用される緩衝材の通称でもある。
Sound of popping bubbles. Bubble wrap. A kind of shock absorber.

# ぱちぱち

195 PACHI PACHI

さすが！ヒザを守る天才！発明家！大横綱！

拍手を続けて鳴らす音。
Sound of applause or clapping hands.

やわらかく、弾力があるものが揺れ動く様子。
State of something soft and elastic shaking.

# くよくよ

あの日、語りすぎて1個も食べられなかったな…

終わったことをいつまでも気に病む様子。
To be concerned with the past.

# ふらふら

198　FURA FURA

疲れなどで身体や心が不安定な様子。
Emotional and physical instability due to fatigue.

# ぶらぶら

BURA BURA

垂れ下がったものが揺れ動く様子。
Situation of a drooping object hanging around.

# ぺこぺこ

できるだけ いい肉がたべたい

とてもおなかがすいている様子。
用例 「おなかがぺこぺこだよ」
To be very hungry.
Ex.) I'm PEKO PEKO (starving).

201　HEKO HEKO

へこへこ

やたらと頭を下げる様子。主に自分より偉い人に卑屈にへつらう時に使う。
To flatter someone and bow many times.

202　PERA PERA

ぺらぺら

安っぽいほど、薄くて弱々しい様子。
Paper-thin. Thin and poor boardlike materials.

203　PERO PERO

ぺろぺろ

ものを盛んになめ回す様子。
To lick something up with one's tongue.

204　BERI BERI

べりべり

布や紙が破れる音。
Sound of tearing paper or cloth.

ぶるーべりー

ツツジ科スノキ属の低木。濃紺の果実で、生食のほかジャムなどにもされる。
Blueberry. Blue-black edible berry. For raw consumption and for jam or sauce.

# べろべろ

教頭先生がタコみたいになってる

足下もおぼつかないほど、すごく酔っている様子。
用例 教頭先生は足下もおぼつかないほどべろべろだ。
To get trashed or hammered. Drunk.
Ex.) The vice-principal was BERO BERO (very drunk).

# ひろびろ

HIROBIRO

ここがうちの玄関だよ

教頭！空き地ですよ

とても広く、開けている様子。
State of being spacious and wide.

208 HOI HOI

# ほいほい

調子よく軽い気持ちで引き受ける様子。
To undertake without thinking.

# ぽいぽい

209 POI POI

ゴミが降りそそいでるだけだわそれ

軽やかに次々と物を投げる様子。
To throw things lightly one after another.

## ぼうぼう

210 BŌ BŌ

激しく火が燃えさかる様子。
State of burning vigorously.

# ぶうぶう

不平不満を表現する様子。
To express complaints.

# ぽかぽか

炊飯器ごと持ってきたのにもうごはんなくなったの？

おだやかであたたかい陽気が快適な様子。
Nice and warm weather.

# ぱかぱか

PAKA PAKA

大きく開閉を繰り返す様子。その音。
用例 彼は炊飯器のフタをぱかぱかと開け閉めした。

The situation and sound of opening and closing something widely.
Ex.) He PAKA PAKA (opened and closed) the lid of rice cooker.

214　POKAN

# ぽかん

放心状態で口を開けっ放しにする様子。
To drop one's jaw while being absent-minded.

# ぽんかん

ミカン科の常緑小高木。ミカンの一種。ミカンに比べて一回り大きい。
PONKAN orange. Citrus reticulata. Evergreen shrubs tree.
One size larger than a MIKAN (Mandarin) orange.

# ぼさぼさ

木村くんっていつもすごい髪形してない？

ほんと

髪が乱れている様子。
Messy hair. Ruffled hair. Wild hair.

# ばさばさ

BASA BASA

はやく
学校には
着くけど
髪は
乱れる
なあ

大きな翼で羽ばたく音。
Flapping or fluttering sound of big wings .

# ぽちっ

スイッチやボタンを押し込む様子。その音。
The action and sound of pressing a button or pulling a switch.

# ぱちっ

目が大きく開かれた様子。その音。
The action and sound of opening eyes widely.

220    BORO BORO

# ぼろぼろ

ものが元の形をとどめないほどに壊れている様子。
Very bad condition. No trace of original form.

# ほろほろ

口から出したクッキーで作ったつぼが…

涙が間をおいてこぼれ続ける様子。
Tears trickle down.

# まごまご

どうしてよいかわからず、うろたえる様子。
To be confused by someone.
Not to know what to do as a result of trickery or intentional confusion.

# もごもご

MOGO MOGO

口を十分に開かずにあいまいにしゃべる様子。
State of someone mumbling something ambiguous.

# コラム④　奈良時代の人たちの発音とオノマトペ　山口謠司

日本人は、昔からたくさんの擬音語・擬態語を使ってきました。

そして、それらの言葉を使って、たくさんの言葉遊びをしてきました。

『古今和歌集』にこんな歌があります。

梅の花　見にこそきつれ　鶯の（うぐいす）ひとくひとくと　厭いしも居る（いとをし）

これは、梅の花を見に来たら、鶯が「ピーチク、ピーチク」鳴いて、「厭だなぁ、人が来る！」と言っているという歌です。

「ひとく」は漢字で書けば「人来」で「人が来る」となります。

ところで、鶯は春が来ると「ホーホケキョ」と鳴くのですが、まだそう鳴けずに「ひとく」と鳴いているというのですが、これは当時は「ピチョク」と発音されていました。

つまり、「ピチョク」と鳴いている鶯の声を「人来（る）」と掛けて、言葉遊びをした歌なのです。

奈良時代の人たちは「ハヒフヘホ」という発音ができませんでした。「ハヒフヘホ」は「パピプペポ」と発音されていました。

ですから、「開く」という言葉も「ピラく」と発音されていたのです。

さて、それでは、ちょっと七〇〇年頃の奈良時代にタイムスリップして、当時の人たちの喋り（しゃべ）言葉を聞いてみたいと思います。

「啜る」は、今は「すする」と発音しますが、当時は「ツゥツゥル」と発音されていました。それでは、「ズルズル」はどうだったでしょうか。

「ヅュルヅィュル」と発音されていました。

ところで、現代日本語には「スルスル」に似たオノマトペとして「ツルツル」があり、このオノマトペの濁音「ヅルヅル」は「ズルズル」と同じ発音になってしまっています。しかし、「スルスル」と「ツルツル」が異なるように、「ズルズル」と「ヅルヅル」は奈良時代では異なっていました。

「ヅルヅル」は「ディゥルディゥル」で、「ズルズル」の古い発音「ヅィゥルヅィゥル」とは違っていたのです。

それでは「ツルツル」は？

これは「ティゥルティゥル」と発音されていました。

雨や涙が落ちる音を形容する現代日本語の擬音語に「ハラハラ」というのがありますが、これも「パラパラ」がもとになっています。こちらのほうがなんだか、ポロポロと粒のようになって落ちるようで臨場感がありますね。

また、「晴れる」も「パレる」と発音されていました。「天晴れ」を「アッパレ」と発音するのはその名残です。

古代日本人の発音を真似て、本書のオノマトペを発音してみるのも楽しいかもしれません。

226　MISHIRI

# みしり

柱や床板などに重さがかかって、軋んで出る音。
Sound of pillar or floorboard creaking under weight.

# おしり

227 OSHIRI

「お尻」臀部。腰の後下部の肉の盛り上がった箇所を指す。
Buttocks. Hip. Fleshy part under back.

## みっちり

時間をかけて一つのことを十分に行う様子。
用例 彼はみっちり12時間もかけて作業をした。
To take the time to do something fully.
To spend one's time on one thing. "Anything worth doing, is worth doing right."
Ex.) He took twelve hours to MITCHIRI (buckle down) to work.

# きっちり

お刺身をすきまなく並べました

鮮度が心配だわこれ

隙間がなく詰まっている様子。
The state of being closely packed without space.

# むきむき

MUKI MUKI

筋肉が分厚くたくましい様子。
Strong muscles. Good/nice muscles.

# みぎむき

MIGIMUKI

右向き。
Facing right.

# むにゃむにゃ

にちようびにとった
こんぶと…
かようびに
とった
ワカメを
たして…

寝言を言う様子。
To talk in one's sleep. Somniloquy.

# むちゃくちゃ

MUCHAKUCHA

こんぶとワカメの革ジャンを…10秒で作ってください…

ムニャムニャ…

道理に合わないこと。またその程度が甚だしい様子。
Unreasonable. Incoherent.

234　MEKI MEKI

めきめき

物が軋む音や様子。
また、ものごとが目に見えて進歩する様子。
Sound of creaking.
To make rapid progress.

235　TOKIMEKI

# ときめき

喜びや期待で心が躍る様子。
To flutter. To skip a heartbeat. To be excited with joy and expectation.

# めそめそ

あー、タグにひっかかってとれない

声を立てずに気弱に泣く様子。
To sob. To cry quietly.

# もそもそ

237 MOSO MOSO

小さな生き物が這い回る様子。またそのように感じること。
用例 背中に入ったカニがもそもそと動いている。

Tiny creatures are creeping around.
Ex.) The crab that has infiltrated my back is MOSO MOSO (wriggling).

# めらめら

MERA MERA

犯人は…ニンジン柄のベストを着た君だ！

炎が勢いよく燃える様子。
To go up in flames.

# めろめろ

## MERO MERO

ドラマ「謎解きは洞窟で」の演技もステキ…❤

好意を寄せる相手に心を奪われ、それによって心身の力が抜けきってしまう様子。

Heart-melting.

To become weak in the body and soul because of falling in love with somebody.

240 MOGU MOGU

# もぐもぐ

ものをほおばり、噛む様子。
To chew with one's mouth full.

241 MOKU MOKU

# もくもく

煙が勢いよく立ちのぼる様子。
Situation of smoke climbing up fast and furiously.

# もじもじ

た、田村先生の師匠ですか…!?

は、はじめまして…

恥ずかしさや遠慮などで、あいまいな態度になる様子。
Shy. To take an uncertain attitude due to hesitation.

# もじゃもじゃ

髪やひげが密集し濃く生えている様子。草木などにも使う。
Shaggy. Hairy. This word is used for hair, beards or plants.

## もたもた

行動が鈍く遅い様子。
用例 彼は必要なものが思い出せずもたもたとした。
To do something slowly. To shuffle. To muddle.
Ex.) He MOTA MOTA (dillydallied) with not being able to recall necessary things.

# ぽたぽた

245 POTA POTA

水滴が次々と落ちる音。
To drip down. Drops falling one after another.

# もっさり

MOSSARI

こんな茂みの中にうどん屋が!?

草木が深々と生えている様子。
また、あか抜けず、気がきかない様子。

To be overgrown with weeds.
Shabby. Awkward. Not knowing how to take a hint.

# もっちり

247　MOTCHIRI

ねばり気があり、弾力が感じられる食感を表現する。
Sticky and chewy texture.
This word is used for mouthfeel, food texture or food feeling.

# もりもり

248　MORI MORI

食欲旺盛でよく食べる様子。
To eat heartily.

# めりめり

249　MERI MERI

ものがゆっくり折れたり、つぶれたりする様子。またその音。
To creak. Sound of snapping slowly or collapsing.

250　YAKIMOKI

やきもき

あれこれ考え、気をもむ様子。
To think about something in many ways. To get anxious.

# やきもち

251 YAKIMOCHI

嫉妬すること。
To get jealous. To envy.

# やんわり

252 YANWARI

スミマセン、うちのお店 お菓子の持ち込みはちょっと…

やわらかく遠回しな様子。
Softly. Gently. To avoid direct response.

# よんわり

4割。
40%.

# ゆっくり

動作が穏やかで遅い様子。
用例 ゆっくりとおでこにコッペパンをすりつける。
To move dully and slowly.
Ex.) He rubs KOPPEPAN YUKKURI (slowly) on his forehead.

# しゃっくり

横隔膜が痙攣して起こる異常呼吸の一つ。
Hiccup. Abnormal breathing due to phrenospasm.

256　YURURI

# ゆるり

鬼ヶ島って こんなに くつろげるんですね〜

のんびりとくつろいでいる様子。
To make oneself at home. Relaxed.

# くるり

### 257　KURURI

ものや人が素早く反対向きになったり一回転する様子。
To turn around. 360 degree loops.

258　RUN RUN

# るんるん

わーい！イモを掘るゲームの発売日だ〜♪

気分が浮き立って楽しげな様子。
To be buoyant and to have fun.

# ぐるんぐるん

ボクより
よろこんでる人が
いる…！

勢いよく回転する様子。
To turn around with great force.

260　WAI WAI

# わいわい

人がたくさん集まってにぎやかな様子。
To be energetic and lively due to many people getting together.

# わんわん

261　WAN WAN

犬の鳴き声。
Bow wow. Dog's bark.

262　WASA WASA

# わさわさ

あった あった

草木を揺らしてかき分ける様子。またその音。
Sound and state of pushing plants aside.

# わざわざ

263　WAZA WAZA

何かのついでではなく、そのためにする様子。
To take the trouble, to bother.

ざっくりとしたつながり

ライオン
（DIY好き）
見習い →
ラッコ
（とんちんかん）

夫婦　息子
（もうすぐ1年生）

田村さん
生徒 →
白井くん

雑誌「しゃれてマッセ」
愛読者つながり

左田さん　　右田さん

校長
教頭
できない職人

天狗

ひでひこくん
（ゲーム好き）

先生
先生
おまわりさん

寿司職人
（知らないことが多い）

劇場の人

森下さん
（祭りやうやまうことに
きびしい）

劇場の支配人

青年
（祭り好き）

有名人

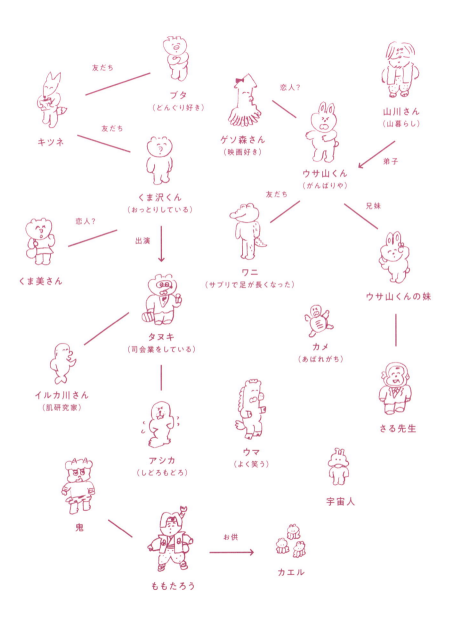

| | | | | | |
|---|---|---|---|---|---|
| 41 | ぶんすか【PUNSUKA】 | | 239 | めろめろ【MERO MERO】 |
| 201 | へこへこ【HEKO HEKO】 | | 241 | もくもく【MOKU MOKU】 |
| 200 | ぺこぺこ【PEKO PEKO】 | | 240 | もぐもぐ【MOGU MOGU】 |
| 131 | へらへら【HERA HERA】 | | 223 | もごもご【MOGO MOGO】 |
| 202 | ぺらぺら【PERA PERA】 | | 137 | もしもし【MOSHI MOSHI】 |
| 204 | べりべり【BERI BERI】 | | 242 | もじもじ【MOJI MOJI】 |
| 206 | べろべろ【BERO BERO】 | | 243 | もじゃもじゃ【MOJA MOJA】 |
| 203 | ぺろぺろ【PERO PERO】 | | 237 | もぞもぞ【MOSO MOSO】 |
| 208 | ほいほい【HOI HOI】 | | 244 | もたもた【MOTA MOTA】 |
| 209 | ぽいぽい【POI POI】 | | 246 | もっさり【MOSSARI】 |
| 210 | ぼうぼう【BŌ BŌ】 | | 247 | もっちり【MOTCHIRI】 |
| 212 | ぽかぽか【POKA POKA】 | | 248 | もりもり【MORI MORI】 |
| 214 | ぽかん【POKAN】 | | | |

## や・ら・わ

| | | | | | |
|---|---|---|---|---|---|
| 216 | ぼさぼさ【BOSA BOSA】 | | 250 | やきもき【YAKIMOKI】 |
| 245 | ぽたぽた【POTA POTA】 | | 251 | やきもち【YAKIMOCHI】 |
| 218 | ぽちっ【POCHI'】 | | 252 | やんわり【YANWARI】 |
| 159 | ほっそり【HOSSORI】 | | 254 | ゆっくり【YUKKURI】 |
| 57 | ぽってり【POTTERI】 | | 256 | ゆるり【YURURI】 |
| 221 | ほろほろ【HORO HORO】 | | 149 | よなよな【YONA YONA】 |
| 220 | ぼろぼろ【BORO BORO】 | | 253 | よんわり【YONWARI】 |
| 215 | ぽんかん【PONKAN】 | | 258 | るんるん【RUN RUN】 |
| | | | 260 | わいわい【WAI WAI】 |

## ま

| | | | | | |
|---|---|---|---|---|---|
| | | | 262 | わさわさ【WASA WASA】 |
| 222 | まごまご【MAGO MAGO】 | | 263 | わざわざ【WAZA WAZA】 |
| 231 | みぎむき【MIGIMUKI】 | | 261 | わんわん【WAN WAN】 |
| 226 | みしり【MISHIRI】 | | | |
| 228 | みっちり【MITCHIRI】 | | | |
| 230 | むきむき【MUKI MUKI】 | | | |
| 233 | むちゃくちゃ【MUCHAKUCHA】 | | | |
| 232 | むにゃむにゃ【MUNYA MUNYA】 | | | |
| 234 | めきめき【MEKI MEKI】 | | | |
| 236 | めそめそ【MESO MESO】 | | | |
| 238 | めらめら【MERA MERA】 | | | |
| 249 | めりめり【MERI MERI】 | | | |

| | |
|---|---|
| 235 | ときめき【TOKIMEKI】 |
| 136 | どしどし【DOSHI DOSHI】 |
| 113 | とっぷり【TOPPURI】 |
| 138 | とほほ【TOHOHO】 |
| 133 | どれどれ【DORE DORE】 |
| 140 | どろん【DORON】 |
| 141 | どろんこ【DORONKO】 |
| 11 | どんぐり【DONGURI】 |
| 142 | とんちんかん【TONCHINKAN】 |
| 143 | とんてんかん【TONTENKAN】 |
| 145 | とんとん【TON TON】 |
| 144 | どんどん【DON DON】 |

## な

| | |
|---|---|
| 146 | なみなみ【NAMI NAMI】 |
| 148 | なよなよ【NAYO NAYO】 |
| 151 | にこごり【NIKOGORI】 |
| 150 | にっこり【NIKKORI】 |
| 153 | にゃーにゃー【NYĀ NYĀ】 |
| 152 | にやにや【NIYA NIYA】 |
| 154 | にょきにょき【NYOKI NYOKI】 |
| 79 | にんじん【NINJIN】 |
| 157 | ぬくぬく【NUKU NUKU】 |
| 156 | ぬけぬけ【NUKE NUKE】 |
| 21 | ねっとり【NETTORI】 |
| 158 | のっそり【NOSSORI】 |
| 163 | のらいぬくらい【NORAINUKURAI】 |
| 162 | のらりくらり【NORARIKURARI】 |
| 164 | のろのろ【NORO NORO】 |

## は

| | |
|---|---|
| 213 | ぱかぱか【PAKA PAKA】 |
| 166 | はきはき【HAKI HAKI】 |
| 217 | ばさばさ【BASA BASA】 |

| | |
|---|---|
| 168 | ばたんきゅう【BATANKYŪ】 |
| 219 | ぱちっ【PACHI'】 |
| 195 | ぱちぱち【PACHI PACHI】 |
| 167 | はちまき【HACHIMAKI】 |
| 170 | ぱちり【PACHIRI】 |
| 25 | ばっかり【BAKKARI】 |
| 171 | ばっちり【BATCHIRI】 |
| 173 | はらはら【HARA HARA】 |
| 172 | ぱらぱら【PARA PARA】 |
| 174 | ぱりぱり【PARI PARI】 |
| 191 | ぴかぴか【PIKA PIKA】 |
| 176 | ぴこぴこ【PIKO PIKO】 |
| 13 | ひそひそ【HISO HISO】 |
| 178 | びっくり【BIKKURI】 |
| 180 | ぴったり【PITTARI】 |
| 181 | ひっぱったり【HIPPATTARI】 |
| 177 | ひでひこ【HIDEHIKO】 |
| 183 | ひゅうひゅう【HYŪ HYŪ】 |
| 182 | びゅうびゅう【BYŪ BYŪ】 |
| 184 | ぴょんぴょん【PYON PYON】 |
| 175 | ぴりぴり【PIRI PIRI】 |
| 207 | ひろびろ【HIROBIRO】 |
| 187 | ふうふ【FŪFU】 |
| 186 | ふーふー【FŪ FŪ】 |
| 211 | ぶうぶう【BŪ BŪ】 |
| 189 | ふかぶか【FUKABUKA】 |
| 188 | ぶかぶか【BUKA BUKA】 |
| 190 | ぷかぷか【PUKA PUKA】 |
| 192 | ぷすり【PUSURI】 |
| 194 | ぷちぷち【PUCHI PUCHI】 |
| 196 | ぷよぷよ【PUYO PUYO】 |
| 198 | ふらふら【FURA FURA】 |
| 199 | ぶらぶら【BURA BURA】 |
| 205 | ぶるーべりー【BURŪBERĪ】 |

| | | | |
|---|---|---|---|
| 69 | ざらざら【ZARA ZARA】 | 63 | ぞくぞく【ZOKU ZOKU】 |
| 68 | ざわざわ【ZAWA ZAWA】 | 104 | そっくり【SOKKURI】 |
| 73 | じいちゃんばあちゃん【JĪCHAN BĀCHAN】 | 65 | そっとごらん【SOTTOGORAN】 |
| 169 | じかんきゅう【JIKANKYŪ】 | 109 | そりゃそりゃ【SORYA SORYA】 |
| 70 | しくしく【SHIKU SHIKU】 | 106 | そろそろ【SORO SORO】 |
| 71 | しくはっく【SHIKUHAKKU】 | 107 | ぞろぞろ【ZORO ZORO】 |
| 72 | じたばた【JITABATA】 | 108 | そわそわ【SOWA SOWA】 |
| 105 | しっくり【SHIKKURI】 | | |
| 179 | じっくり【JIKKURI】 | | た |
| 75 | しったかめでしたか【SHITTAKAMEDESHITAKA】 | 85 | たこらいす【TAKORAISU】 |
| 89 | しったももんが【SHITTAMOMONGA】 | 110 | たじたじ【TAJI TAJI】 |
| 74 | しっちゃかめっちゃか【SHITCHAKAMETCHAKA】 | 112 | たっぷり【TAPPURI】 |
| 76 | しどろもどろ【SHIDOROMODORO】 | 114 | ちかちか【CHIKA CHIKA】 |
| 255 | しゃっくり【SHAKKURI】 | 116 | ちゃぷちゃぷ【CHAPU CHAPU】 |
| 119 | しゅうちゅう【SHŪCHŪ】 | 121 | ちやほや【CHIYAHOYA】 |
| 78 | じんじん【JIN JIN】 | 118 | ちゅーちゅー【CHŪ CHŪ】 |
| 80 | すかすか【SUKA SUKA】 | 125 | ちゅんちゅん【CHUN CHUN】 |
| 82 | すくすく【SUKU SUKU】 | 155 | ちょきちょき【CHOKI CHOKI】 |
| 83 | すぐすぐ【SUGU SUGU】 | 185 | ちょんちょん【CHON CHON】 |
| 84 | すたこら【SUTAKORA】 | 120 | ちらほら【CHIRAHORA】 |
| 86 | すたすた【SUTA SUTA】 | 123 | づけどん【ZUKEDON】 |
| 87 | ずたずた【ZUTA ZUTA】 | 122 | つっけんどん【TSUKKENDON】 |
| 88 | すったもんだ【SUTTAMONDA】 | 91 | つっぱり【TSUPPARI】 |
| 90 | すっぽり【SUPPORI】 | 95 | つべこべ【TSUBEKOBE】 |
| 92 | ずどん【ZUDON】 | 99 | つやつや【TSUYA TSUYA】 |
| 94 | すべすべ【SUBE SUBE】 | 124 | つんつん【TSUN TSUN】 |
| 93 | ずぼん【ZUBON】 | 126 | てきぱき【TEKIPAKI】 |
| 98 | すやすや【SUYA SUYA】 | 128 | てくてく【TEKU TEKU】 |
| 100 | すらり【SURARI】 | 127 | てばさき【TEBASAKI】 |
| 101 | ずらり【ZURARI】 | 130 | てらてら【TERA TERA】 |
| 81 | せかせか【SEKA SEKA】 | 132 | でれでれ【DERE DERE】 |
| 102 | せっせ【SESSE】 | 129 | てんぐてんぐ【TENGU TENGU】 |
| 103 | せんせい【SENSEI】 | 135 | ときどき【TOKIDOKI】 |
| 15 | そうかそうか【SŌKA SŌKA】 | 134 | どきどき【DOKI DOKI】 |

# 五十音順にたことば索引

## あ

| | |
|---|---|
| 67 | あらあら【ARA ARA】 |
| 10 | あんぐり【ANGURI】 |
| 12 | いそいそ【ISO ISO】 |
| 77 | いちどもどろう【ICHIDOMODORŌ】 |
| 14 | うかうか【UKA UKA】 |
| 17 | うっかり【UKKARI】 |
| 16 | うっとり【UTTORI】 |
| 19 | うつぼかずら【UTSUBOKAZURA】 |
| 18 | うつらうつら【UTSURA UTSURA】 |
| 227 | おしり【OSHIRI】 |
| 20 | おっとり【OTTORI】 |
| 147 | おなやみ【ONAYAMI】 |
| 139 | おほほ【OHOHO】 |
| 165 | おろおろ【ORO ORO】 |

## か

| | |
|---|---|
| 111 | がじがじ【GAJI GAJI】 |
| 43 | かすかす【KASU KASU】 |
| 22 | がたがた【GATA GATA】 |
| 115 | かちかち【KACHI KACHI】 |
| 24 | がっかり【GAKKARI】 |
| 37 | かぴかぴ【KAPI KAPI】 |
| 26 | からから【KARA KARA】 |
| 28 | がらがら【GARA GARA】 |
| 30 | がんがん【GAN GAN】 |
| 51 | ぎくり【GIKURI】 |
| 229 | きっちり【KITCHIRI】 |
| 35 | きゃーきゃー【KYĀ KYĀ】 |
| 34 | ぎゃーぎゃー【GYĀ GYĀ】 |
| 36 | きゃぴきゃぴ【KYAPI KYAPI】 |

| | |
|---|---|
| 31 | ぎゃんぎゃん【GYAN GYAN】 |
| 39 | きりきり【KIRI KIRI】 |
| 38 | ぎりぎり【GIRI GIRI】 |
| 40 | ぐーすか【GŪSUKA】 |
| 61 | くさくさ【KUSA KUSA】 |
| 42 | くすくす【KUSU KUSU】 |
| 193 | くすり【KUSURI】 |
| 45 | くたくた【KUTA KUTA】 |
| 44 | ぐだぐだ【GUDA GUDA】 |
| 197 | くよくよ【KUYO KUYO】 |
| 46 | くらくら【KURA KURA】 |
| 257 | くるり【KURURI】 |
| 259 | ぐるんぐるん【GURUN GURUN】 |
| 48 | くんくん【KUN KUN】 |
| 49 | ぐんぐん【GUN GUN】 |
| 117 | けちゃっぷけちゃっぷ【KECHAPPU KECHAPPU】 |
| 27 | けらけら【KERA KERA】 |
| 29 | げらげら【GERA GERA】 |
| 50 | ごくり【GOKURI】 |
| 23 | ごたごた【GOTA GOTA】 |
| 52 | こちょこちょ【KOCHO KOCHO】 |
| 54 | こっそり【KOSSORI】 |
| 55 | ごっそり【GOSSORI】 |
| 53 | こっちこっち【KOTCHI KOTCHI】 |
| 56 | こってり【KOTTERI】 |
| 59 | こっぺぱん【KOPPEPAN】 |
| 58 | こてんぱん【KOTEMPAN】 |
| 47 | こらこら【KORA KORA】 |

## さ

| | |
|---|---|
| 60 | さくさく【SAKU SAKU】 |
| 62 | ざくざく【ZAKU ZAKU】 |
| 64 | ざっくばらん【ZAKKUBARAN】 |
| 66 | さらさら【SARA SARA】 |

## 主な参考文献

『擬音語・擬態語4500 日本語オノマトペ辞典』小野正弘編　小学館

『〈和英〉擬態語・擬音語分類用法辞典』アンドルー・C・チャン著　大修館書店

『オノマトペラペラ マンガで日本語の擬音語・擬態語』
読売新聞英字新聞部監修　水野良太郎編　東京堂出版

『日本語擬態語辞典』五味太郎著　講談社＋α文庫

『日本人がよく使う日本語会話オノマトペ基本表現180』
清ルミ著　Ｊリサーチ出版

『朝日英語スタイルブック』デイビッド・セイン著　朝日出版社

『A Dictionary of American Idioms』
Adam Makkai他著　BARRON'S

## 著者　ニシワキタダシ

イラストレーター。1976年生まれ。

なんともいえないイラストやモチーフで、書籍や広告、グッズなど幅広く活動中。

著書に『かんさい絵ことば辞典』(パイ インターナショナル)、『えでみる あいうえおさくぶん』(あかね書房)、『ぼくのともだちカニやまさん』(PHP研究所)、『かきくけおかきちゃん』(大福書林)などがある。

http://www.smoca-n.com

Twitter / instagram (@nishiwaki_t)


## 監修者　山口謠司 (やまぐち・ようじ)

1963年、長崎県に生まれる。大東文化大学文学部准教授。中国山東大学客員教授。博士(中国学)。フランス国立社会科学高等研究院大学院に学ぶ。ケンブリッジ大学東洋学部共同研究員などを経て、現職。イラストレーター、書家としても活動。著書には『心とカラダを整える おとなのための1分音読』(自由国民社)、『語彙力がないまま社会人になってしまった人へ』(ワニブックス)、『日本語通』(新潮新書)、『日本語を作った男』(集英社インターナショナル、第29回和辻哲郎文化賞受賞)などがある。


装丁　　　　岡本 健、山中桃子 (岡本健デザイン事務所)

英文校正　Jessica Knecht

翻訳協力　小川 文

編集　　　　佐口俊次郎

くらべる・たのしい

# にたことば絵辞典

2019年10月8日　第1版第1刷発行

著　者　ニシワキタダシ
監修者　山口謠司
発行者　清水卓智
発行所　株式会社PHPエディターズ・グループ
　　　　〒135-0061　江東区豊洲5-6-52
　　　　TEL 03-6204-2931
　　　　http://www.peg.co.jp/
発売元　株式会社PHP研究所
　　　　東京本部　〒135-8137　江東区豊洲5-6-52
　　　　普及部　　TEL 03-3520-9630
　　　　京都本部　〒601-8411　京都市南区西九条北ノ内町11
　　　　PHP INTERFACE　https://www.php.co.jp/
印刷所
製本所　凸版印刷株式会社

©Tadashi Nishiwaki 2019 Printed in Japan
ISBN978-4-569-84383-4
※本書の無断複製（コピー・スキャン・デジタル化等）は著作権法で認められた場合を
除き、禁じられています。また、本書を代行業者等に依頼してスキャンやデジタル化
することは、いかなる場合でも認められておりません。
※落丁・乱丁本の場合は弊社制作管理部（☎03-3520-9626）へご連絡下さい。
送料弊社負担にてお取り替えいたします。